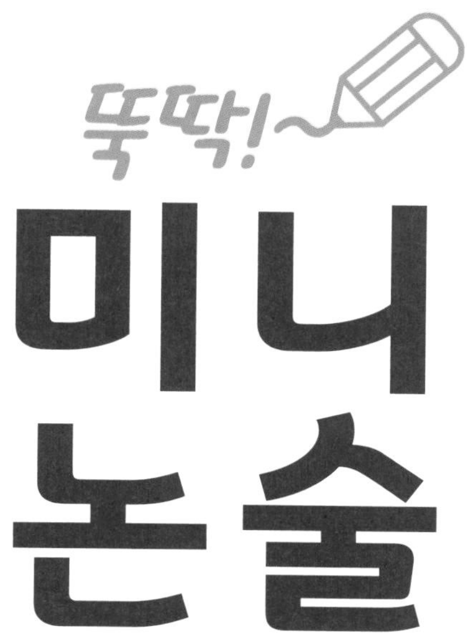




서사원주니어

# 논술, 그게 뭘까?

얘들아, 안녕?

나는 어린이들과 매일 읽고 쓰는 일을 하고 있는 오현선 선생님이야.

이제부터 같이 '논술'을 하려고 해.

우선 너희들에게 '논술'이 무엇인지 알려 줄게.

논술은 '논리적으로 글을 쓰는 것' 또는 '논리적인 글'을 말해.
어떤 주제에 대해서 너의 생각을 논리적으로 쓰는 거지!

그럼 '논리적'이라는 건 뭘까?
논리적이라는 건 너만 이해할 수 있거나,
너만의 사정을 생각해서 이야기하는 것이 아니라,
누가 읽어도 끄덕끄덕할 수 있게 이야기하는 것을 말해.
다른 사람이 너의 말을 듣거나 글을 읽고
끄덕끄덕한다면 그건 '설득'을 당한 거고.

결국 논리적인 글, 즉 논술의 목적은
다른 사람을 '설득'하는 거야.

그런데 말이야,
그것보다 사실 더 중요한 이유가 있어.

어떤 주제에 대해 논술 쓰기를 하려면
먼저 '생각'을 해야 해.
주제에 대해 내 입장을 정해 보는 거지.

그리고 그 생각은 너희들의 행동을 결정해.
사람은 자신이 생각한 대로 행동하거든.
결국 논술을 하는 더 큰 이유는
'나의 생각을 만들고 생각대로 살아가기 위한 것'이야.

어린이들은 보통 어른들 요구나 생각대로 살아야 한다고 생각하기 쉬워.
하지만 어린이도 자기만의 생각을 가질 권리가 있어.
그래야 자기다운 어른으로 자랄 수 있거든.

무엇보다 내가 내 생각대로 행동했을 때,
남도 설득할 수 있겠지?

그러니 논술 쓰기를 '어렵거나 지겨운 글쓰기'라고 생각하기보다는
나 자신을 잘 키워 가는 일이라고 생각했으면 좋겠어.

이 책에는 100가지 논술 주제가 있어.
어려울 것 같다고?
걱정하지 마. 모두 너희들의 생활과 정말 가까운 주제들이거든.

자, 그럼 이제 즐겁게 써 보자!

# 이렇게 써 보자!

'이상형 월드컵' 들어 봤니?
'세상에 ○○와 △△ 둘만 있다면 누가 이상형이야?' 같은 것 있잖아.
그것처럼 '짜장? 짬뽕?' 하면 무조건 둘 중 하나를 정하는 것 있지?
이 책에 제시된 질문을 보고 먼저 너의 입장을 정해 봐.
서로 반대되는 두 가지 중에서 너의 생각은 어느 쪽에 가까운지
정해 보는 거야.
평소 네가 생각하거나 행동하는 것을 떠올려서 정하면 돼.
만약 평소 생각해 보지 않은 주제라면 이번 기회에 해 보는 거야.

그다음 그렇게 생각하는 까닭을 1, 2개 말해 보는 거야.
까닭을 말할 때는 반대 입장에 있는 사람도 끄덕끄덕할 수 있는 내용이어야 해.

그리고 너의 생각대로 했을 때 생길 수 있는 문제점에 대해 생각해 봐.
모든 의견은 반드시 그에 따른 문제가 있을 수 있어.
만약 잘 생각나지 않는다면 다른 사람에게 물어보아도 좋아.
너와 반대 의견을 가진 사람에게 물어보면 더 좋지.

그리고 그 문제점에 대한 해결 방법도 생각해야 해.
너의 의견대로 했을 때 문제를 이야기해 놓고,
해결 방법은 이야기하지 않는다면 안 되겠지?
주장이 흐릿해져 버리거든.

만약 아무리 생각해도 내 의견대로 했을 때의 문제점이 없다면
까닭을 더 생각해서 쓰거나 까닭을 좀 더 자세히 설명해도 좋아.

내 의견대로 했을 때 얻을 수 있는 좋은 점,
혹은 꼭 그렇게 하자고 당부하는 말로 마무리해도 좋고.

가장 중요한 건 너의 주장과 까닭, 그리고 그에 따라올 수 있는
문제와 해결 방안까지 자연스럽게 연결되도록 써야 한다는 거야. 잊지 마!

## 까닭을 1, 2개 쓰기

| | |
|---|---|
| 탕수육은 소스에 찍어 먹어야 한다. | 의견 |
| 그래야 바삭하게 먹을 수 있기 때문이다. | 까닭 1 |
| 혹시 남으면 다음 날 또 바삭하게 먹을 수 있다. | 까닭 2 |
| 물론 귀찮을 수 있지만 | 문제점 |
| 재미라고 생각하면 된다. | 해결 방법 |

## 까닭을 1개 쓰고 좀 더 자세히 설명하기

| | |
|---|---|
| 안 보는 책은 버려야 한다. | 의견 |
| 책장 자리만 차지하기 때문이다. | 까닭 |
| 안 보는 책이 자리를 차지하면 새 책을 살 수 없다. | 까닭을 좀 더 자세히 설명 |
| 물론 나중에 그 책이 보고 싶을 수도 있지만 | 문제점 |
| 그때는 빌려서 보면 된다. | 해결 방법 |

# 잠깐! 이렇게 쓰는 건 좋지 않아

## 1 글의 처음과 끝에 내용을 반복하지 말자.

탕수육은 소스에 찍어 먹어야 한다. 그래야 바삭하게 먹을 수 있다. 남더라도 다음 날 또 바삭하게 먹을 수 있다. 물론 한 개씩 찍어 먹으면 귀찮을 수 있지만 먹는 재미라고 생각하면 된다. 그러므로 탕수육은 소스에 찍어 먹어야 한다.

## 2 글에 번호를 넣지 말자.

탕수육은 소스에 찍어 먹어야 한다.

① 바삭하게 먹을 수 있다.

② 다음 날에도 바삭하게 먹을 수 있다.

물론 한 개씩 찍어 먹으면 귀찮을 수 있지만 먹는 재미라고 생각하면 된다.

## 3 단어 중심이나 명사형으로 쓰지 말자.

탕수육은 소스! 바삭하게 먹을 수 있지. 남으면 다음 날~
먹는 재미가 매우 큼. 반드시 찍어 먹어야 함.

## 4 주장 문장을 온전히 쓰지 않고 찬성, 반대로만 표현하는 건 이상해.

탕수육 찍먹 찬성!!

## 5 마무리에 갑자기 입장이 바뀌어도 이상하지.

가끔 친구네 집에서 자도 된다. 친구네 집에서 자면 추억을 쌓을 수 있기 때문이다. 물론 엄마가 걱정할 수 있다. 그럼 친구네 집에서 자지 않으면 된다.

## 6 너무 극단적인 까닭도 피하자.

초등학생은 야식을 먹으면 안 된다. 야식을 먹으면 배가 터져서 죽을 수도 있다.

## 말하기 카드

주제를 보고 네가 어떤 말을 해야 할지 어려울 때 오려서 사용하는 카드야.
앞뒤로 모두 8개의 문장이 있지?
바닥에 늘어놓은 다음 1번부터 들고 써 있는 대로 읽어 봐.
그리고 이어지는 말을 네가 해 보는 거야.
'내 입장(의견)을 말할게!' 라고 너의 입장(의견)을 말해 보는 거지.

1

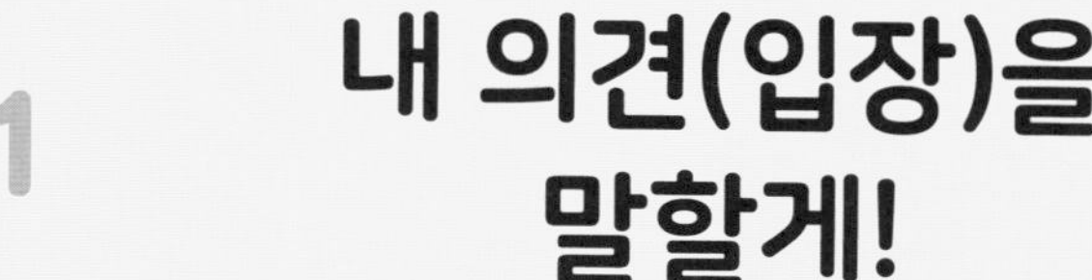

내 의견(입장)을 말할게!

2

그렇게 생각하는 첫 번째 이유는 말이야.

3

그 이유를 좀 더 자세히 설명할게.

4

그렇게 생각하는 두 번째 이유는 말이야.

5 그 이유를 좀 더 자세히 설명할게.

6 물론 내 주장대로 했을 때 문제도 있을 수 있어.

7 걱정 마. 그걸 해결할 방법은 말이야.

8 마지막으로 당부하고 싶은 말이 있어!

## 말하기 카드

말하기 카드를 사용하면 좀 더 자신감 있고 당당하게 말할 수 있어!
번호 순서대로 들고 말하면 더 조리 있게 말할 수 있다는 것 잊지 마.
말하고 나면 글이 술술 써질 거야!
코팅을 해서 사용해도 좋아.

# 1단계

# 순한 맛

자, 그럼 순한 맛부터 시작해 볼까?

넌 부먹이 좋아? 찍먹이 좋아?
그러니까 탕수육에 소스를 부어 먹어? 찍어 먹어?

순한 맛에는 이렇게 우리 누구나
음식을 먹을 때 놓이는 선택에 대한 질문 50개를
모아 보았어.

선택에는 답이 없으니,
즐겁게 골라 고개가 끄덕여지는 까닭을 적어 보자.

# 순한 맛 빙고

| | | | | |
|---|---|---|---|---|
| 1 탕수육은 소스에 찍어 먹어야 한다.<br>VS<br>탕수육은 소스를 부어 먹어야 한다. | 2 라면에 계란을 넣어야 한다.<br>VS<br>라면에 계란은 넣지 말아야 한다. | 3 밥에 콩을 넣어야 한다.<br>VS<br>밥에 콩을 넣지 말아야 한다. | 4 가족은 항상 같이 밥을 먹어야 한다.<br>VS<br>가족은 밥을 꼭 같이 먹지 않아도 된다. | 5 좋아하는 반찬만 먹어도 된다.<br>VS<br>좋아하는 반찬만 먹으면 안 된다. |
| 6 하루에 두 끼만 먹어도 된다.<br>VS<br>하루 세 끼는 꼭 먹어야 한다. | 7 주말에는 라면을 먹어도 된다.<br>VS<br>주말에도 라면은 되도록 먹지 않아야 한다. | 8 주말마다 외식해도 된다.<br>VS<br>주말에도 집밥을 먹어야 한다. | 9 밥 먹으면서 책 읽어도 된다.<br>VS<br>밥 먹을 땐 책을 읽으면 안 된다. | 10 밥 먹을 때 가족과 꼭 대화를 해야 한다.<br>VS<br>밥 먹을 때 가족과 대화를 하면 안 된다. |
| 11 라면은 덜 익혀야 맛있다.<br>VS<br>라면은 완전히 익혀야 맛있다. | 12 봉지 라면이 더 좋다.<br>VS<br>컵라면이 더 좋다. | 13 라면에는 건더기 수프를 꼭 넣어야 한다.<br>VS<br>라면에는 건더기 수프를 넣지 않아도 좋다. | 14 붕어빵에는 팥이 들어가야 한다.<br>VS<br>붕어빵에는 슈크림이 들어가야 한다. | 15 초등학생은 야식을 먹으면 안 된다.<br>VS<br>초등학생은 야식을 먹어도 된다. |
| 16 치킨은 프라이드를 먹어야 한다.<br>VS<br>치킨은 양념을 먹어야 한다. | 17 치킨은 뼈 있는 치킨을 먹어야 한다.<br>VS<br>치킨은 순살로 먹어야 한다. | 18 설거지는 엄마가 해야 한다.<br>VS<br>설거지는 가족이 돌아가며 해야 한다. | 19 비 오는 날에는 짜장이 좋다.<br>VS<br>비 오는 날에는 짬뽕이 좋다. | 20 시장보다 마트가 좋다.<br>VS<br>마트보다 시장이 좋다. |
| 21 마트보다 편의점이 좋다.<br>VS<br>편의점보다 마트가 좋다. | 22 학교 급식은 꼭 다 먹어야 한다.<br>VS<br>학교 급식이어도 남길 수 있다. | 23 편의점에서 한 끼를 해결해도 된다.<br>VS<br>편의점에서는 식사를 해결할 수 없다. | 24 밥 먹을 때 텔레비전을 보아도 된다.<br>VS<br>밥 먹을 때는 텔레비전을 보면 안 된다. | 25 배달 음식을 먹어도 된다.<br>VS<br>배달 음식은 되도록 먹지 않는 것이 좋다. |

순한 맛 주제는 총 50개야. 2개의 빙고판을 보면 25개씩 주제가 들어가 있지?
자, 주제를 보고 먼저 쓰고 싶은 것을 골라 봐. 그리고 다 쓰고 나면 여기로 돌아와서
해당 칸에 색칠을 하는 거야. 그렇게 하다 보면 어느새 1빙고가 되고 2빙고가 되겠지?
빙고 줄이 하나씩 완성될 때마다 스스로를 칭찬해 보는 것 어때?

| | | | | |
|---|---|---|---|---|
| 26 계란은 반숙이 맛있다.<br>VS<br>계란은 완숙이 맛있다. | 27 엄마가 하신 음식은 무조건 맛있다고 해야 한다.<br>VS<br>엄마가 하신 음식이 맛없으면 솔직히 말해야 한다. | 28 라면은 단무지와 먹어야 한다.<br>VS<br>라면은 김치와 먹어야 한다. | 29 비빔냉면이 맛있다.<br>VS<br>물냉면이 맛있다. | 30 살을 빼려면 일단 먹고 운동하는 것이 좋다.<br>VS<br>먹지 않고 운동도 하지 않는 것이 좋다. |
| 31 식사 준비는 엄마가 해야 한다.<br>VS<br>식사 준비는 가족 모두 해야 한다. | 32 국수는 비빔 국수가 맛있다.<br>VS<br>국수는 잔치 국수가 맛있다. | 33 아침밥은 꼭 먹어야 한다.<br>VS<br>아침밥을 먹지 않아도 된다. | 34 음식물 쓰레기는 아빠가 버려야 한다.<br>VS<br>음식물 쓰레기는 엄마가 버려야 한다. | 35 장을 볼 때는 엄마가 혼자 가야 한다.<br>VS<br>장을 볼 때는 가족이 모두 같이 가야 한다. |
| 36 학원에서 음식을 먹어도 된다.<br>VS<br>학원에서는 음식을 먹으면 안 된다. | 37 차 안에서 음식을 먹어도 된다.<br>VS<br>차 안에서는 음식을 먹으면 안 된다. | 38 음식은 싱겁게 먹어야 한다.<br>VS<br>음식은 짜게 먹어도 된다. | 39 밥 먹을 때는 꼭 국이 있어야 한다.<br>VS<br>밥 먹을 때는 국이 없어도 된다. | 40 초등학생은 혼자 밥을 차려 먹을 줄 알아야 한다.<br>VS<br>초등학생이어도 혼자 밥을 차려 먹을 수 없다. |
| 41 밥 먹고 바로 양치질을 해야 한다.<br>VS<br>밥 먹고 바로 양치질을 하지 않아도 괜찮다. | 42 밥을 먹은 후에는 후식을 꼭 먹어야 한다.<br>VS<br>밥을 먹은 후 후식은 먹지 않아도 된다. | 43 여행을 갔을 땐 과식해도 된다.<br>VS<br>여행을 가도 적절한 양을 먹어야 한다. | 44 식사를 할 땐 어른이 먼저 시작해야 한다.<br>VS<br>식사를 할 때 모두 동시에 시작해도 괜찮다. | 45 식사 시간은 30분 내로 마쳐야 한다.<br>VS<br>식사 시간은 얼마가 되든 상관없다. |
| 46 맛있는 음식을 하면 이웃과 나누어 먹어야 한다.<br>VS<br>맛있는 음식을 해도 이웃과 나눌 필요는 없다. | 47 치킨도 한 끼 식사가 될 수 있다.<br>VS<br>치킨은 밥과 따로 간식처럼 먹어야 한다. | 48 식사 후 바로 누워서 쉬어도 된다.<br>VS<br>식사 후에는 산책 등 가벼운 운동을 해야 한다. | 49 침대에서 간식을 먹어도 된다.<br>VS<br>침대에서 간식을 먹으면 안 된다. | 50 초등학생 혼자 식당에 가도 된다.<br>VS<br>초등학생은 혼자 식당에 가면 안 된다. |

# 탕수육은 소스에 찍어 먹어야 한다.
# VS
# 탕수육은 소스를 부어 먹어야 한다.

| 너의 의견은? | 그렇게 생각하는 까닭은 뭐야? | 그렇게 되면 문제는 없을까? | 그 문제는 어떻게 해결할까? |
|---|---|---|---|

탕수육은 소스에 찍어 먹어야 한다. 그래야 찍어 먹는 재미가 있다. 소스를 많이 찍으면 맛있다. 부먹은 소스를 조절할 수 없다. 찍어 먹으면 입천장이 까질 수도 있다. 하지만 약을 바르면 된다.

두 가지 의견 중 너의 의견 한 가지를 택해서 그 문장으로 시작해야 해!
'이렇게 답하는구나.' 하고 알려주려고 여기만 질문과 대답끼리 같은 색으로 표시했어.

✓

# 라면에 계란을 넣어야 한다.
# VS
# 라면에 계란은 넣지 말아야 한다.

| 너의 의견은? | 그렇게 생각하는 까닭은 뭐야? | 그렇게 되면 문제는 없을까? | 그 문제는 어떻게 해결할까? |
| --- | --- | --- | --- |

라면에 계란은 꼭 안 들어가도 된다. 어떤 사람들은 계란을 싫어하고, 계란 노른자가 터지면 맛이 없다. 계란이 없어서 라면 한 가지만 먹으면 입맛이 떨어질 수 있는데, 그럴 땐 다른 토핑을 추가하면 된다.

질문에 대한 친구의 글을 참고로 너의 생각을 써 봐.
√ 표시는 첫 칸을 비워야 해서 넣어 준 거야!

√

# 밥에 콩을 넣어야 한다.
# VS
# 밥에 콩을 넣지 말아야 한다.

| 너의 의견은? | 그렇게 생각하는 까닭은 뭐야? | 그렇게 되면 문제는 없을까? | 그 문제는 어떻게 해결할까? |
|---|---|---|---|

밥에 콩을 넣지 말아야 한다. 콩의 종류도 많고 반찬에도 콩이 들어간다. 굳이 밥에까지 콩을 넣어야 할까? 안 넣으면 콩 장사하는 사람이 어려울 순 있다. 그럼 콩이 들어가는 반찬을 더 개발하면 된다.

질문에 하나씩 대답하다 보면 너의 생각이 정리될 거야. 파이팅!

√

# 가족은 항상 같이 밥을 먹어야 한다.
# VS
# 가족은 밥을 꼭 같이 먹지 않아도 된다.

| 너의 의견은? | 그렇게 생각하는<br>까닭은 뭐야? | 그렇게 되면<br>문제는 없을까? | 그 문제는 어떻게<br>해결할까? |
| --- | --- | --- | --- |

가족은 항상 같이 밥을 먹어야 한다. 가족과 같이 얘기하면서 먹으면 밥이 조금 더 맛있어지는 기분이다. 물론 가족 중 한 명이 빠질 수도 있다. 멀리 떨어져 있으면 영상 통화를 하면 된다.

√

# 좋아하는 반찬만 먹어도 된다.
# VS
# 좋아하는 반찬만 먹으면 안 된다.

| 너의 의견은? | 그렇게 생각하는 까닭은 뭐야? | 그렇게 되면 문제는 없을까? | 그 문제는 어떻게 해결할까? |
|---|---|---|---|

좋아하는 반찬만 먹으면 안 된다. 왜냐하면 골고루 먹어야 건강해지기 때문이다. 하지만 잘 안 먹는 친구는 밥을 안 먹을 수도 있다. 그러면 갈아서 볶음밥으로 만들자!

√

# 하루에 두 끼만 먹어도 된다.
# VS
# 하루 세 끼는 꼭 먹어야 한다.

| 너의 의견은? | 그렇게 생각하는 까닭은 뭐야? | 그렇게 되면 문제는 없을까? | 그 문제는 어떻게 해결할까? |
|---|---|---|---|

하루에 세 끼는 꼭 먹어야 한다. 하루에 두 끼만 먹어도 죽진 않겠지만, 잠을 못 자는 사람들은 그나마 포만감이 있어야 잘 잔다. 식비 문제가 있다면 가성비가 좋은 것을 골라 먹자!

√

# 주말마다 라면을 먹어도 된다.
# VS
# 주말에도 라면은 되도록 먹지 않아야 한다.

| 너의 의견은? | 그렇게 생각하는 까닭은 뭐야? | 그렇게 되면 문제는 없을까? | 그 문제는 어떻게 해결할까? |
|---|---|---|---|

주말마다 라면 먹는 것은 몸에 해롭다. 라면 수프에는 나트륨이 많다. 인스턴트 음식은 적게 먹는 게 좋다. 라면이 먹고 싶으면 한 달에 한 번 정해서 먹자.

√

# 주말마다 외식해도 된다.
# VS
# 주말에도 집밥을 먹어야 한다.

| 너의 의견은? | 그렇게 생각하는 까닭은 뭐야? | 그렇게 되면 문제는 없을까? | 그 문제는 어떻게 해결할까? |
|---|---|---|---|

주말마다 외식해도 된다. 왜냐하면 주말은 평일에 열심히 일하고 공부하는 사람들이 휴식을 채우는 날이므로, 맛있는 외식을 해 사리사욕을 채우면 된다. 비용이 많이 들수 있지만 가격을 정해 두고 사 먹으면 괜찮다.

√

# 밥 먹으면서 책 읽어도 된다.
# VS
# 밥 먹을 땐 책을 읽으면 안 된다.

| 너의 의견은? | 그렇게 생각하는 까닭은 뭐야? | 그렇게 되면 문제는 없을까? | 그 문제는 어떻게 해결할까? |
|---|---|---|---|

밥을 먹으면서 책을 읽으면 안 된다. 밥을 먹으면서 책을 읽으면 책에 이물질이 묻게 된다. 책을 읽으면 문해력이 상승되긴 하겠지만 다른 때 책을 읽어야 한다.

√

# 밥 먹을 때 가족과 꼭 대화를 해야 한다.
# VS
# 밥 먹을 때 가족과 대화를 하면 안 된다.

| 너의 의견은? | 그렇게 생각하는 까닭은 뭐야? | 그렇게 되면 문제는 없을까? | 그 문제는 어떻게 해결할까? |
|---|---|---|---|

밥 먹을 땐 꼭 가족과 대화를 해야 한다. 이야기 안 하고 먹으면 심심하기 때문이다. 음식이 입 밖으로 나올까 봐 걱정되면 다람쥐 입처럼 오므리고 말하면 된다.

√

# 라면은 덜 익혀야 맛있다.
# VS
# 라면은 완전히 익혀야 맛있다.

| 너의 의견은? | 그렇게 생각하는 까닭은 뭐야? | 그렇게 되면 문제는 없을까? | 그 문제는 어떻게 해결할까? |
| --- | --- | --- | --- |

라면은 덜 익혀야 맛있다. 라면은 꼬들꼬들한 식감이 좋다. 하지만 덜 익혀 먹으면 속이 안 좋을 수 있다. 그러면 토하면 된다.

√

# 봉지 라면이 더 좋다.
# VS
# 컵라면이 더 좋다.

| 너의 의견은? | 그렇게 생각하는 까닭은 뭐야? | 그렇게 되면 문제는 없을까? | 그 문제는 어떻게 해결할까? |
|---|---|---|---|

라면은 컵라면이 더 좋다. 편의점에서 사서 바로 먹을 수 있기 때문이다. 게다가 큰 컵라면, 작은 컵라면 중 고를 수도 있다. 물론 컵라면은 컵에 있어 쏟으면 흘릴 수도 있지만 바로 닦으면 된다.

√

# 라면에는 건더기 수프를 꼭 넣어야 한다.
# VS
# 라면에는 건더기 수프를 넣지 않아도 좋다.

| 너의 의견은? | 그렇게 생각하는 까닭은 뭐야? | 그렇게 되면 문제는 없을까? | 그 문제는 어떻게 해결할까? |
|---|---|---|---|

라면에는 건더기 수프를 꼭 넣어야 한다. 그래야 맛있기 때문이다. 건더기 수프를 넣으면 매울 수도 있을 것이다. 그럴 때는 물을 마시면 된다.

√

# 붕어빵에는 팥이 들어가야 한다.
# VS
# 붕어빵에는 슈크림이 들어가야 한다.

| 너의 의견은? | 그렇게 생각하는 까닭은 뭐야? | 그렇게 되면 문제는 없을까? | 그 문제는 어떻게 해결할까? |
|---|---|---|---|

붕어빵은 슈크림이 더 맛있다. 팥은 계속 먹다 보면 퍽퍽한데 슈크림은 말랑말랑해서 맛있고 달다. 달기 때문에 이가 썩을 수도 있지만 이를 잘 닦으면 된다.

√

# 초등학생은 야식을 먹으면 안 된다.
# VS
# 초등학생은 야식을 먹어도 된다.

| 너의 의견은? | 그렇게 생각하는 까닭은 뭐야? | 그렇게 되면 문제는 없을까? | 그 문제는 어떻게 해결할까? |
| --- | --- | --- | --- |

초등학생은 야식을 먹으면 안 된다. 야식을 먹으면 배가 아프다. 배가 고프지 않게 저녁밥을 많이 먹으면 된다. 그래도 배고프면 물 한 잔 정도만 마시면 좋겠다.

✓

# 치킨은 프라이드를 먹어야 한다.
# VS
# 치킨은 양념을 먹어야 한다.

| 너의 의견은? | 그렇게 생각하는 까닭은 뭐야? | 그렇게 되면 문제는 없을까? | 그 문제는 어떻게 해결할까? |
| --- | --- | --- | --- |

치킨은 양념을 먹어야 한다. 프라이드는 너무 바삭해서 가끔씩 이가 흔들린다. 프라이드는 다음 날에는 맛이 없는데 양념은 다음 날에도 맛이 좋다. 계속 양념만 먹으면 맵고 느끼한데 음료수랑 같이 먹으면 괜찮다.

√

# 치킨은 뼈 있는 치킨을 먹어야 한다.
# VS
# 치킨은 순살로 먹어야 한다.

| 너의 의견은? | 그렇게 생각하는 까닭은 뭐야? | 그렇게 되면 문제는 없을까? | 그 문제는 어떻게 해결할까? |
|---|---|---|---|

치킨은 순살로 먹어야 한다. 순살이 먹기 편하다. 물론 뜯는 맛이 없을 수 있지만 뜯는 맛을 느끼고 싶다면 꼬치에 꽂아 먹으면 된다.

√

# 설거지는 엄마가 해야 한다.
# VS
# 설거지는 가족이 돌아가며 해야 한다.

| 너의 의견은? | 그렇게 생각하는 까닭은 뭐야? | 그렇게 되면 문제는 없을까? | 그 문제는 어떻게 해결할까? |
| --- | --- | --- | --- |

설거지는 가족이 돌아가며 해야 한다. 우리 가족은 똑같은 대우를 받아야 한다. 그래서 가족 모두 할 수 있다. 그런데 서로 미룰 수도 있으니 순서를 정하면 된다.

√

# 비 오는 날에는 짜장이 좋다.
# VS
# 비 오는 날에는 짬뽕이 좋다.

| 너의 의견은? | 그렇게 생각하는 까닭은 뭐야? | 그렇게 되면 문제는 없을까? | 그 문제는 어떻게 해결할까? |
|---|---|---|---|

비 오는 날에는 짜장이 좋다. 어린이는 짬뽕이 맵다. 백짬뽕도 있지만 싫어하는 사람도 있다. 국물이 없어 추우면 다른 국과 같이 먹으면 된다.

√

# 시장보다 마트가 좋다.
# VS
# 마트보다 시장이 좋다.

| 너의 의견은? | 그렇게 생각하는 까닭은 뭐야? | 그렇게 되면 문제는 없을까? | 그 문제는 어떻게 해결할까? |
|---|---|---|---|

마트보다 시장이 좋다. 구경하는 재미가 있고, 덤도 많이 준다. 바로 사 먹을 수 있는 간식거리도 많다. 생필품이나 다른 물건들이 필요하면 마트에서 사자.

√

# 마트보다 편의점이 좋다.
# VS
# 편의점보다 마트가 좋다.

| 너의 의견은? | 그렇게 생각하는 까닭은 뭐야? | 그렇게 되면 문제는 없을까? | 그 문제는 어떻게 해결할까? |
|---|---|---|---|

마트보다 편의점이 좋다. 왜냐하면 마트에서는 아이를 잃어버릴 수 있지만 편의점에서는 아이를 안 잃어버리기 때문이다. 물건을 많이 사야 할 때는 마트에 가면 된다.

√

# 학교 급식은 꼭 다 먹어야 한다.
# VS
# 학교 급식이어도 남길 수 있다.

| 너의 의견은? | 그렇게 생각하는 까닭은 뭐야? | 그렇게 되면 문제는 없을까? | 그 문제는 어떻게 해결할까? |
|---|---|---|---|

학교 급식은 꼭 다 먹어야 한다. 그래야 음식물이 적게 남고 요리사 선생님들께 민폐를 끼치지 않을 수 있기 때문이다. 만약 자주 남기거나 좋아하지 않는 음식이라면 미리 조금만 받으면 좋겠다.

√

# 편의점에서 한 끼를 해결해도 된다.
# VS
# 편의점에서는 식사를 해결할 수 없다.

| 너의 의견은? | 그렇게 생각하는 까닭은 뭐야? | 그렇게 되면 문제는 없을까? | 그 문제는 어떻게 해결할까? |
|---|---|---|---|

편의점에서 한 끼를 해결해도 된다. 너무 급하거나 빨리 먹어야 될 때 시간을 아껴 먹을 수 있기 때문이다. 집에서 밥을 안 먹어서 엄마가 걱정할 순 있지만 왜 그랬는지 설명을 잘하면 된다.

√

# 밥 먹을 때 텔레비전을 보아도 된다.
# VS
# 밥 먹을 때는 텔레비전을 보면 안 된다.

| 너의 의견은? | 그렇게 생각하는 까닭은 뭐야? | 그렇게 되면 문제는 없을까? | 그 문제는 어떻게 해결할까? |
|---|---|---|---|

밥 먹을 때 텔레비전을 봐도 된다. 밥을 먹으며 재미를 동시에 느낄 수 있기 때문에 밥 먹을 때 텔레비전을 봐도 된다. 밥을 잘 못 먹을 수도 있지만 먹방을 보면서 먹으면 자동적으로 수저에 손이 간다.

√

# 배달 음식을 먹어도 된다.
# VS
# 배달 음식은 되도록 먹지 않는 것이 좋다.

| 너의 의견은? | 그렇게 생각하는 까닭은 뭐야? | 그렇게 되면 문제는 없을까? | 그 문제는 어떻게 해결할까? |
|---|---|---|---|

배달 음식은 먹어도 된다. 배달 음식을 먹으면 맛있어서 기분이 좋아진다. 하지만 너무 많이 먹으면 살도 찌고 건강도 나빠질 수 있다. 그러니 한 달 기준으로 먹는 날을 정해 두고 먹자.

√ 표시가 없어도 한 칸 비우는 것 잊지 마!

# 계란은 반숙이 맛있다.
# VS
# 계란은 완숙이 맛있다.

| 너의 의견은? | 그렇게 생각하는 까닭은 뭐야? | 그렇게 되면 문제는 없을까? | 그 문제는 어떻게 해결할까? |
| --- | --- | --- | --- |

계란은 완숙이 맛있다. 반숙은 입안에서 무언가 미끌거리는 느낌이 난다. 물론 완숙은 삶는 시간이 오래 걸릴 수 있다. 맛있는 걸 먹기 위해 그 정도 시간은 참을 용기가 있어야 한다.

# 엄마가 하신 음식은 무조건 맛있다고 해야 한다.
# VS
# 엄마가 하신 음식이 맛없으면 솔직히 말해야 한다.

| 너의 의견은? | 그렇게 생각하는 까닭은 뭐야? | 그렇게 되면 문제는 없을까? | 그 문제는 어떻게 해결할까? |
|---|---|---|---|

엄마가 하신 음식이 맛없으면 솔직히 말해야 한다. 그 음식이 더 맛이 없어질 수도 있기 때문이다. 그러면 엄마가 속상해 하실 수는 있다. 그럴 땐 엄마를 위로해 드리면 된다.

# 라면은 단무지와 먹어야 한다.
# VS
# 라면은 김치와 먹어야 한다.

| 너의 의견은? | 그렇게 생각하는 까닭은 뭐야? | 그렇게 되면 문제는 없을까? | 그 문제는 어떻게 해결할까? |
|---|---|---|---|

라면은 김치와 먹어야 한다. 신 김치가 라면의 조미료 맛을 잡아 주기 때문이다. 물론 김치가 없을 수도 있다. 그럴 땐 그냥 먹어도 된다. 김치가 없다고 단무지와 먹으면 조미료에 조미료를 먹는 것이 되므로 라면만 먹는 것이 낫다.

# 비빔냉면이 맛있다.
# VS
# 물냉면이 맛있다.

| 너의 의견은? | 그렇게 생각하는 까닭은 뭐야? | 그렇게 되면 문제는 없을까? | 그 문제는 어떻게 해결할까? |
|---|---|---|---|

물냉면이 더 맛있다. 물냉면은 육수가 있어서 더 시원하고 좋다. 비빔 맛도 느끼고 싶으면 좀 덜어서 양념장에 비벼 먹으면 된다.

# 살을 빼려면 일단 먹고 운동하는 것이 좋다.
# VS
# 먹지 않고 운동도 하지 않는 것이 좋다.

| 너의 의견은? | 그렇게 생각하는 까닭은 뭐야? | 그렇게 되면 문제는 없을까? | 그 문제는 어떻게 해결할까? |
| --- | --- | --- | --- |

살을 빼려면 일단 먹고 운동하는 것이 좋다. 양분을 섭취하고 나서 운동을 하는 것이 좋기 때문이다. 먹으면 살이 찐다고 생각할 수 있지만 간식만 안 먹으면 괜찮다.

# 식사 준비는 엄마가 해야 한다.
# VS
# 식사 준비는 가족 모두 해야 한다.

| 너의 의견은? | 그렇게 생각하는 까닭은 뭐야? | 그렇게 되면 문제는 없을까? | 그 문제는 어떻게 해결할까? |
|---|---|---|---|

식사 준비는 가족 모두 해야 한다. 같이 먹는 밥이니까 당연히 같이 해야 한다. 그렇게 되면 하기 싫은 사람의 불만이 나올 수 있다. 그럴 때는 벌칙을 줘서 지키게 한다.

# 국수는 비빔국수가 맛있다.
# VS
# 국수는 잔치 국수가 맛있다.

| 너의 의견은? | 그렇게 생각하는 까닭은 뭐야? | 그렇게 되면 문제는 없을까? | 그 문제는 어떻게 해결할까? |
|---|---|---|---|

국수는 잔치 국수가 맛있다. 매운 것보다는 순한 것이 먹기가 편하기 때문이다. 물론 매운 것에 들어 있는 비타민을 못 먹을 수 있지만 잔치 국수를 김치와 먹으면 된다.

# 아침밥은 꼭 먹어야 한다.
# VS
# 아침밥을 먹지 않아도 된다.

| 너의 의견은? | 그렇게 생각하는 까닭은 뭐야? | 그렇게 되면 문제는 없을까? | 그 문제는 어떻게 해결할까? |
|---|---|---|---|

아침밥은 꼭 먹어야 한다. 그래야 기운이 생겨 활동을 잘할 수 있다. 운동 또한 잘할 수 있어 덜 힘들다. 일찍 일어나 졸린 상태로 먹어야 해서 맛이 안 느껴지면 물을 한 컵 마시면 된다. 든든한 하루를 보내자.

# 음식물 쓰레기는 아빠가 버려야 한다.
# VS
# 음식물 쓰레기는 엄마가 버려야 한다.

| 너의 의견은? | 그렇게 생각하는 까닭은 뭐야? | 그렇게 되면 문제는 없을까? | 그 문제는 어떻게 해결할까? |
|---|---|---|---|

음식물 쓰레기는 아빠가 버려야 한다. 밥을 더 많이 먹는 편이니까 쓰레기를 버리러 나가면서 운동도 하면 좋기 때문이다. 만약 아빠가 식사 준비를 했으면 엄마가 버리는 것도 공평하다.

# 장을 볼 때는 엄마가 혼자 가야 한다.
# VS
# 장을 볼 때는 가족이 모두 같이 가야 한다.

| 너의 의견은? | 그렇게 생각하는 까닭은 뭐야? | 그렇게 되면 문제는 없을까? | 그 문제는 어떻게 해결할까? |
|---|---|---|---|

장을 볼 때는 가족 모두 가야 한다. 그래야 각자 원하는 것을 살 수 있기 때문이다. 하지만 모두 가면 귀찮은 사람이 있을 수 있다. 그러면 그 사람은 빼고 가면 된다.

# 학원에서 음식을 먹어도 된다.
# VS
# 학원에서는 음식을 먹으면 안 된다.

| 너의 의견은? | 그렇게 생각하는<br>까닭은 뭐야? | 그렇게 되면<br>문제는 없을까? | 그 문제는 어떻게<br>해결할까? |
|---|---|---|---|

학원에서 음식을 먹어도 된다. 배가 고프면 공부가 잘 되지 않는다. 만약 위생적이지 않다고 생각한다면 칸막이를 쳐 두고 먹으면 된다.

# 차 안에서 음식을 먹어도 된다.
# VS
# 차 안에서는 음식을 먹으면 안 된다.

| 너의 의견은? | 그렇게 생각하는 까닭은 뭐야? | 그렇게 되면 문제는 없을까? | 그 문제는 어떻게 해결할까? |
|---|---|---|---|

차 안에서 음식을 먹어도 된다. 장거리 주행 시에는 배가 고프기 때문이다. 물론 차 안에 음식이 떨어져 지저분해질 수 있지만 안 흘리게 조심해서 먹으면 된다.

# 음식은 싱겁게 먹어야 한다.
# VS
# 음식은 짜게 먹어도 된다.

| 너의 의견은? | 그렇게 생각하는 까닭은 뭐야? | 그렇게 되면 문제는 없을까? | 그 문제는 어떻게 해결할까? |
|---|---|---|---|

음식은 싱겁게 먹어야 한다. 짜게 먹으면 암에 걸릴 수 있다. 물론 맛이 없을 수는 있다. 그럼 싱겁지 않을 정도로 간을 맞추면 된다.

# 밥 먹을 때는 꼭 국이 있어야 한다.
# VS
# 밥 먹을 때는 국이 없어도 된다.

| 너의 의견은? | 그렇게 생각하는 까닭은 뭐야? | 그렇게 되면 문제는 없을까? | 그 문제는 어떻게 해결할까? |
|---|---|---|---|

밥 먹을 때는 국이 없어도 된다. 국은 호불호가 갈릴 때가 있고 대부분의 국은 짜서 건강에 안 좋을 수 있다. 또 밥 먹을 때마다 국을 끓이는 것이 번거로울 수 있다. 국이 없어서 팍팍하면 물을 마시자.

# 초등학생은 혼자 밥을 차려 먹을 줄 알아야 한다.
# VS
# 초등학생이어도 혼자 밥을 차려 먹을 수 없다.

| 너의 의견은? | 그렇게 생각하는 까닭은 뭐야? | 그렇게 되면 문제는 없을까? | 그 문제는 어떻게 해결할까? |
|---|---|---|---|

초등학생도 혼자 밥을 차려 먹을 줄 알아야 한다. 초등학생은 아기가 아니다. 그리고 맞벌이 부모님도 많다. 물론 밥 차리기 힘들 수 있지만 완벽한 밥상을 차릴 필요는 없다.

# 밥 먹고 바로 양치질을 해야 한다.
# VS
# 밥 먹고 바로 양치질을 하지 않아도 괜찮다.

| 너의 의견은? | 그렇게 생각하는 까닭은 뭐야? | 그렇게 되면 문제는 없을까? | 그 문제는 어떻게 해결할까? |
|---|---|---|---|

밥 먹고 바로 양치질을 해야 한다. 안 하면 이가 썩기 때문이다. 그런데 하기 싫을 때가 있다. 그럴 땐 치과에 가는 상상을 한다.

# 밥 먹은 후에는 후식을 꼭 먹어야 한다.
# VS
# 밥을 먹은 후 후식은 먹지 않아도 된다.

| 너의 의견은? | 그렇게 생각하는 까닭은 뭐야? | 그렇게 되면 문제는 없을까? | 그 문제는 어떻게 해결할까? |
| --- | --- | --- | --- |

밥 먹은 후 후식을 안 먹어도 된다. 왜냐하면 밥 먹은 후 후식을 무조건 먹어야 한다면 배불러서 남기게 될 수 있다. 그럼 환경 오염으로 연결된다. 만약 후식이 없어서 서운하다면 밥 먹을 때 맛있는 반찬을 많이 먹자.

# 여행을 갔을 땐 과식해도 된다.
# VS
# 여행을 가도 적절한 양을 먹어야 한다.

| 너의 의견은? | 그렇게 생각하는 까닭은 뭐야? | 그렇게 되면 문제는 없을까? | 그 문제는 어떻게 해결할까? |
|---|---|---|---|

여행을 갔을 땐 과식해도 된다. 여행을 즐기려면 일단 먹어야 하기 때문이다. 물론 살이 찔 수 있지만 평소에 운동을 하면 된다.

# 식사를 할 땐 어른이 먼저 시작해야 한다.
# VS
# 식사를 할 때 모두 동시에 시작해도 괜찮다.

| 너의 의견은? | 그렇게 생각하는 까닭은 뭐야? | 그렇게 되면 문제는 없을까? | 그 문제는 어떻게 해결할까? |
|---|---|---|---|

식사를 할 땐 어른이 먼저 시작해야 한다. 어른은 높은 사람이기 때문에 어린이부터 먹을 수 없다. 만약 정말 먹고 싶은 것이 있으면 물어보고 먹는다.

# 식사 시간은 30분 내로 마쳐야 한다.
# VS
# 식사 시간은 얼마가 되든 상관없다.

| 너의 의견은? | 그렇게 생각하는 까닭은 뭐야? | 그렇게 되면 문제는 없을까? | 그 문제는 어떻게 해결할까? |
|---|---|---|---|

식사 시간은 얼마가 되든 상관없다. 사람마다 먹는 속도가 다르기 때문이다. 물론 너무 길게 먹으면 혼자 먹어서 외로울 수 있다. 그럼 혼자 상상을 하며 먹으면 된다.

# 맛있는 음식을 하면 이웃과 나누어 먹어야 한다.
# VS
# 맛있는 음식을 해도 이웃과 나눌 필요는 없다.

| 너의 의견은? | 그렇게 생각하는 까닭은 뭐야? | 그렇게 되면 문제는 없을까? | 그 문제는 어떻게 해결할까? |
|---|---|---|---|

맛있는 음식을 하면 이웃과 나누어 먹어야 한다. 그래야 서로 사이가 좋아진다. 하지만 나쁜 사람이 독을 탈 수도 있다. 그럴 땐 은수저를 사용해서 검토하면 된다. 은수저는 독이 있으면 검은색으로 변한다.

# 치킨도 한 끼 식사가 될 수 있다.
# VS
# 치킨은 밥과 따로 간식처럼 먹어야 한다.

| 너의 의견은? | 그렇게 생각하는 까닭은 뭐야? | 그렇게 되면 문제는 없을까? | 그 문제는 어떻게 해결할까? |
|---|---|---|---|

치킨도 한 끼 식사가 될 수 있다. 밥을 조금 먹는 사람은 치킨을 먹고 충분히 배부를 수 있기 때문이다. 밥을 많이 먹는 사람은 부족할 수 있으므로 치킨을 두 마리 시키면 된다.

# 식사 후 바로 누워서 쉬어도 된다.
# VS
# 식사 후에는 산책 등 가벼운 운동을 해야 한다.

| 너의 의견은? | 그렇게 생각하는 까닭은 뭐야? | 그렇게 되면 문제는 없을까? | 그 문제는 어떻게 해결할까? |
|---|---|---|---|

식사 후에는 산책 등 가벼운 운동을 해야 한다. 바로 누워서 쉬면 체하기 때문이다. 운동을 귀찮아 하는 사람이 있을 수도 있다. 그런 사람은 집에서 가볍게 운동하면 된다.

# 침대에서 간식을 먹어도 된다.
# VS
# 침대에서 간식을 먹으면 안 된다.

| 너의 의견은? | 그렇게 생각하는 까닭은 뭐야? | 그렇게 되면 문제는 없을까? | 그 문제는 어떻게 해결할까? |
|---|---|---|---|

침대에서 간식을 먹으면 안 된다. 과자를 먹으면 부스러기 때문에 잘 때 배길 수 있고 누워서 먹으면 체하거나 목에 걸릴 수 있다. 물론 아파 누워 있는 사람은 절대 먹지 말라고 할 순 없으니 일어나 앉아서 먹거나 목에 걸리지 않는 것을 먹도록 한다.

# 초등학생 혼자 식당에 가도 된다.
# VS
# 초등학생은 혼자 식당에 가면 안 된다.

너의 의견은?

그렇게 생각하는 까닭은 뭐야?

그렇게 되면 문제는 없을까?

그 문제는 어떻게 해결할까?

초등학생 혼자 식당에 가도 된다. 부모님이 직장에 가시면 밥을 먹기 힘들 수 있기 때문이다. 돈을 안 내고 갈 수 있지만 그럴 땐 부모님에게 전화하면 된다.

순한 맛 50개 잘 써 보았니?

정말 대단해. 지금까지 쓴 글 마음에 드니?

네가 쓴 글을 다시 한 번 쭈욱 읽어 봐.

그리고 가장 마음에 드는 글 3개를 골라 상을 주기로 하자!

네모 칸 안에 글의 번호와 네가 썼던 주장 문장을 쓰면 돼.

고르기 어렵다면 가족들에게 도움을 요청해 봐.

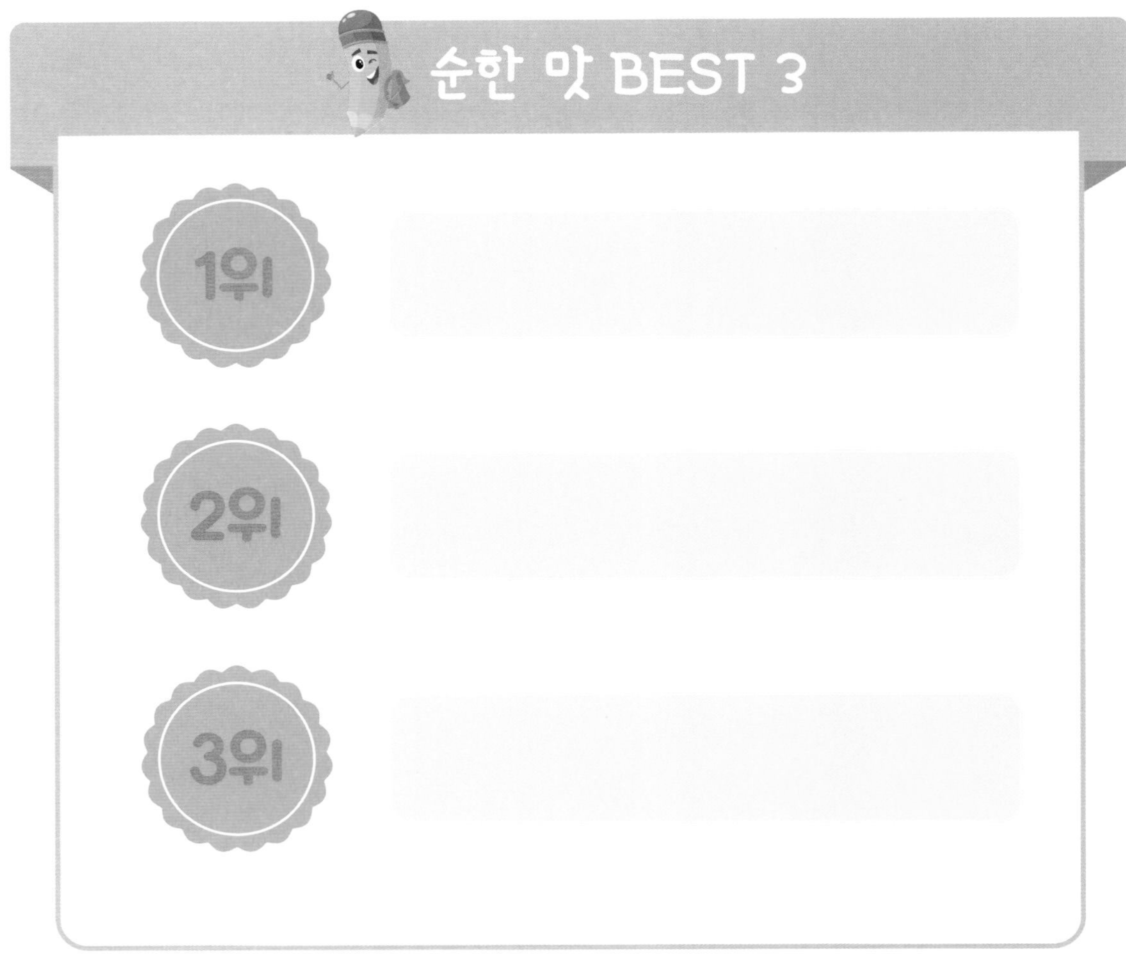

# 2단계

# 달콤한 맛

이번에는 달콤한 맛이야!

세뱃돈은 부모님이 관리해야 할까?
어린이가 관리해야 할까?
숙제할 때 방문을 닫아 놓을까?
열어 놓을까?

달콤한 맛에는 이렇게 우리 생활에서 놓이는
선택에 대한 질문 50개를 모아 보았어.

이번에는 내 생각에 대한 까닭을 2개씩 써 볼 거야.
선택에는 답이 없으니,
즐겁게 골라 고개가 끄덕여지는 까닭을 적어 보자.

# 달콤한 맛 빙고

| | | | | |
|---|---|---|---|---|
| 51 초등학생은 연필을 사용해야 한다. VS 초등학생은 샤프를 사용해도 된다. | 52 초등학생은 꼭 꿈이 있어야 한다. VS 초등학생은 아직 꿈이 없어도 된다. | 53 방학 때는 여행을 가는 것이 좋다. VS 방학 때 꼭 여행을 갈 필요는 없다. | 54 친구는 꼭 있어야 한다. VS 친구는 없어도 괜찮다. | 55 친구는 많을수록 좋다. VS 친구가 적어도 상관없다. |
| 56 주말에는 공부를 하지 말아야 한다. VS 주말에도 공부해야 한다. | 57 더울 때는 에어컨을 틀어야 한다. VS 더워도 선풍기를 트는 것이 좋다. | 58 어린이는 학교에 꼭 가야 한다. VS 학교에 가지 않고 다른 방식으로 공부해도 된다. | 59 칭찬은 필요하다. VS 칭찬은 필요하지 않다. | 60 잔소리는 필요하다. VS 잔소리는 없어야 한다. |
| 61 운동은 매일 해야 한다. VS 운동을 하지 않아도 된다. | 62 공부할 때 음악을 들으며 해도 된다. VS 공부할 때 음악을 들으면 안 된다. | 63 공부는 꼭 해야 한다. VS 공부는 하지 않아도 된다. | 64 일기는 꼭 써야 한다. VS 일기를 꼭 쓸 필요는 없다. | 65 독후감은 꼭 써야 한다. VS 독후감을 꼭 쓸 필요는 없다. |
| 66 초등학생은 학원에 꼭 가야 한다. VS 초등학생은 학원을 다니지 않아도 된다. | 67 읽고 싶은 책만 읽어도 된다. VS 읽고 싶지 않은 책도 읽어야 한다. | 68 만화책만 읽어도 된다. VS 만화책이 아닌 책도 읽어야 한다. | 69 어린이날은 있어야 한다. VS 어린이날은 없어도 된다. | 70 어린이날 선물을 꼭 받아야 한다. VS 어린이날 선물을 받지 않아도 된다. |
| 71 어버이날은 꼭 있어야 한다. VS 어버이날은 꼭 없어도 된다. | 72 스승의 날은 꼭 있어야 한다. VS 스승의 날은 없어도 된다. | 73 친구의 별명은 부르지 않아야 한다. VS 친구의 별명을 불러도 된다. | 74 학교에서 스마트폰을 사용해도 된다. VS 학교에서는 스마트폰을 사용하면 안 된다. | 75 책은 꼭 읽어야 한다. VS 책은 안 읽어도 된다. |

달콤한 맛 주제는 총 50개야. 2개의 빙고판을 보면 25개씩 주제가 들어가 있지?
자, 주제를 보고 먼저 쓰고 싶은 것을 골라 봐. 그리고 다 쓰고 나면 여기로 돌아와서 해당 칸에 색칠을 해 보는 거야. 그렇게 하다 보면 어느새 1빙고가 되고 2빙고가 되겠지?
빙고 줄이 하나씩 완성될 때마다 스스로를 칭찬해 보는 거 어때?

| | | | | |
|---|---|---|---|---|
| 76 세뱃돈은 부모님이 관리해야 한다.<br>VS<br>세뱃돈은 어린이가 스스로 관리해야 한다. | 77 초등학생은 유튜브를 운영하면 안 된다.<br>VS<br>초등학생도 유튜브를 운영할 수 있다. | 78 글씨는 알아볼 정도로 쓰면 된다.<br>VS<br>글씨는 최대한 예쁘게 써야 한다. | 79 책상 정리는 어린이가 해야 한다.<br>VS<br>책상 정리는 엄마가 해야 한다. | 80 매일 입을 옷은 스스로 골라야 한다.<br>VS<br>매일 입을 옷을 엄마가 골라 주어도 좋다. |
| 81 실내에서 모자를 쓰는 것은 패션이다.<br>VS<br>실내에서 모자를 쓰는 것은 실례다. | 82 가족과 함께 독서하는 시간을 갖는 것이 좋다.<br>VS<br>독서는 각자 하는 것이 좋다. | 83 초등학생이 엄마 카드를 사용하는 것은 괜찮다. VS<br>초등학생이 엄마 카드를 사용하는 것은 좋지 않다. | 84 책은 숙제를 다 하고 나서 읽어야 한다.<br>VS<br>책은 숙제하기 전 읽어도 된다. | 85 책은 스스로 골라야 한다.<br>VS<br>책은 부모님이 골라 주어야 한다. |
| 86 어린이는 부모님에게 존댓말을 해야 한다.<br>VS<br>부모님에게 꼭 존댓말을 할 필요는 없다. | 87 가끔은 친구네 집에서 자도 된다.<br>VS<br>친구네 집에서 자는 것은 좋지 않다. | 88 책은 책상에 앉아서 읽어야 한다.<br>VS<br>책은 편한 자세로 읽어도 좋다. | 89 책은 매일 읽어야 한다.<br>VS<br>책은 주말에만 읽어도 된다. | 90 학원 선택은 부모님이 해야 한다.<br>VS<br>학원 선택은 어린이가 해야 한다. |
| 91 일요일에는 늦잠을 자도 된다.<br>VS<br>일요일에도 평일과 같은 시간에 일어나야 한다. | 92 안 보는 책은 버려야 한다.<br>VS<br>안 보는 책도 보관해야 한다. | 93 취미가 다르면 친구가 될 수 없다.<br>VS<br>취미가 달라도 친구가 될 수 있다. | 94 동물과 사람은 친구가 될 수 없다.<br>VS<br>동물과 사람도 친구가 될 수 있다. | 95 저학년 교실은 낮은 층에 있어야 한다.<br>VS<br>저학년 교실도 높은 층에 있을 수 있다. |
| 96 초등학생은 이성 교제를 해도 된다.<br>VS<br>초등학생은 이성 교제를 하면 안 된다. | 97 숙제할 때는 방문을 닫아 놓아야 한다.<br>VS<br>숙제할 때는 방문을 열어 놓아야 한다. | 98 초등학생은 유튜브 시청을 하면 안 된다.<br>VS<br>초등학생도 유튜브 시청을 해도 된다. | 99 초등학생은 용돈을 받아야 한다.<br>VS<br>초등학생은 용돈을 받지 않아도 된다. | 100 3층 이상의 학교에는 엘리베이터가 있어야 한다. VS<br>3층 이상 학교여도 엘리베이터가 없어도 된다. |

# 초등학생은 연필을 사용해야 한다.
# VS
# 초등학생은 샤프를 사용해도 된다.

| 너의 의견은? | 그렇게 생각하는 첫 번째 까닭은 뭐야? | 두 번째 까닭은 뭐야? | 그렇게 되면 문제는 없을까? | 그 문제는 어떻게 해결할까? |
|---|---|---|---|---|

초등학생은 샤프를 사용해도 된다. 샤프는 1개만 사고 샤프심만 사면 되기 때문이다. 연필은 잡는 부분이 내려가면 냄새가 난다. 그리고 샤프심은 안 깎아도 된다. 하지만 샤프심 찾기 어려울 수 있다. 그럼 쿠팡으로 GO!! 한다.

# 초등학생은 꼭 꿈이 있어야 한다.
# VS
# 초등학생은 아직 꿈이 없어도 된다.

| 너의 의견은? | 그렇게 생각하는 첫 번째 까닭은 뭐야? | 두 번째 까닭은 뭐야? | 그렇게 되면 문제는 없을까? | 그 문제는 어떻게 해결할까? |
|---|---|---|---|---|

초등학생은 꿈이 없어도 된다. 어린 나이부터 꿈이 있을 필요는 없다. 조금 커서부터 가져도 괜찮다. 어릴 때는 하고 싶은 것이 계속 바뀌기 때문이다. 물론 꿈이 없으면 누가 꿈을 물어보거나 나중에 꿈을 정할 때 곤란할 순 있다. 하지만 조금 더 커서 정한다고 큰 문제가 생기진 않는다.

# 방학 때는 여행을 가는 것이 좋다.
# VS
# 방학 때 꼭 여행을 갈 필요는 없다.

| 너의 의견은? | 그렇게 생각하는 첫 번째 까닭은 뭐야? | 두 번째 까닭은 뭐야? | 그렇게 되면 문제는 없을까? | 그 문제는 어떻게 해결할까? |
|---|---|---|---|---|

방학 때는 여행을 가는 것이 좋다. 왜냐면 다양한 곳을 둘러볼 수 있으니까. 또 맛있는 걸 잔뜩 먹을 수 있으니까. 그러나 돈이 많이 드니까 방학에 한두 번만 가서 신나게 놀면 된다.

# 친구는 꼭 있어야 한다.
# VS
# 친구는 없어도 괜찮다.

| 너의 의견은? | 그렇게 생각하는 첫 번째 까닭은 뭐야? | 두 번째 까닭은 뭐야? | 그렇게 되면 문제는 없을까? | 그 문제는 어떻게 해결할까? |
| --- | --- | --- | --- | --- |

친구는 꼭 있어야 한다. 인간은 외로움을 많이 타는 동물이다. 친구를 못 만나면 온라인으로도 만나려고 한다. 호주 워킹 홀리데이를 간 사람이 말할 사람이 없어 혼자 중얼거리는 일도 있었다고 한다. 물론 내 뒷담화를 하는 친구가 생길 수도 있지만 더 잘해 주면 그러지 않을 것이다.

# 친구는 많을수록 좋다.
# VS
# 친구가 적어도 상관없다.

| 너의 의견은? | 그렇게 생각하는 첫 번째 까닭은 뭐야? | 두 번째 까닭은 뭐야? | 그렇게 되면 문제는 없을까? | 그 문제는 어떻게 해결할까? |
|---|---|---|---|---|

친구는 많을수록 좋다. 친구가 적으면 따돌림을 당할 가능성이 높기 때문이다. 게다가 친구가 없으면 놀 사람이 없어서 심심하다. 소외되는 친구가 생길 수 있다. 그러지 않으려면 짝수로 다니면 된다.

# 주말에는 공부를 하지 말아야 한다.
# VS
# 주말에도 공부해야 한다.

| 너의 의견은? | 그렇게 생각하는 첫 번째 까닭은 뭐야? | 두 번째 까닭은 뭐야? | 그렇게 되면 문제는 없을까? | 그 문제는 어떻게 해결할까? |
|---|---|---|---|---|

주말에는 공부를 하지 말아야 한다. 평일에 이미 공부를 하고 학원도 많이 간다. 주말에도 놀지 않고 공부만 하면 스트레스를 많이 받는다. 주말에 놀면 계속 놀고 싶어지니까 평일 되면 바로 공부를 하면 된다.

# 더울 때는 에어컨을 틀어야 한다.
# VS
# 더워도 선풍기를 트는 것이 좋다.

| 너의 의견은? | 그렇게 생각하는 첫 번째 까닭은 뭐야? | 두 번째 까닭은 뭐야? | 그렇게 되면 문제는 없을까? | 그 문제는 어떻게 해결할까? |
|---|---|---|---|---|

더워도 선풍기를 트는것이 좋다. 왜냐하면 에어컨은 전기세와 에너지가 많이 들기 때문이다. 또 에어컨 못지 않게 선풍기도 시원하다. 물론 에어컨이 더 시원하다. 그럴 때는 선풍기 앞에 오래 앉아 있으면 된다.

# 어린이는 학교에 꼭 가야 한다.
# VS
# 학교에 가지 않고 다른 방식으로 공부해도 된다.

| 너의 의견은? | 그렇게 생각하는 첫 번째 까닭은 뭐야? | 두 번째 까닭은 뭐야? | 그렇게 되면 문제는 없을까? | 그 문제는 어떻게 해결할까? |
|---|---|---|---|---|

어린이는 학교에 꼭 가지 않아도 된다. 집에서 공부해야 할 상황이 있을 수 있고 과외를 받아도 되기 때문이다. 하지만 그렇게 되면 친구와 놀지 못하는 문제가 발생할 수 있다. 그럼 게임을 하면서 온라인에서 친구를 만나면 된다.

# 칭찬은 필요하다.
# VS
# 칭찬은 필요하지 않다.

| 너의 의견은? | 그렇게 생각하는 첫 번째 까닭은 뭐야? | 두 번째 까닭은 뭐야? | 그렇게 되면 문제는 없을까? | 그 문제는 어떻게 해결할까? |
|---|---|---|---|---|

칭찬은 필요하다. 왜냐하면 칭찬은 고래도 춤추게 한다는 말도 있고, 칭찬은 사람을 기쁘게 한다. 하지만 너무 칭찬을 하면 진심이 아닌 것 같다는 생각이 든다. 과한 칭찬을 하지 않는다.

# 잔소리는 필요하다.
# VS
# 잔소리는 없어야 한다.

| 너의 의견은? | 그렇게 생각하는 첫 번째 까닭은 뭐야? | 두 번째 까닭은 뭐야? | 그렇게 되면 문제는 없을까? | 그 문제는 어떻게 해결할까? |
|---|---|---|---|---|

잔소리는 없어야 한다. 잔소리는 훈육이 아니라서 아이들이 스트레스를 받을 수 있다. 부모님의 잔소리 때문에 아이들은 서럽고 화가 난다. 또 아이들이 잔소리 하는 사람을 멀리하게 된다. 그래도 부모님이 자꾸 잔소리를 하면 잔소리를 하지 말아 달라고 부탁한다.

# 운동은 매일 해야 한다.
# VS
# 운동을 하지 않아도 된다.

| 너의 의견은? | 그렇게 생각하는 첫 번째 까닭은 뭐야? | 두 번째 까닭은 뭐야? | 그렇게 되면 문제는 없을까? | 그 문제는 어떻게 해결할까? |
|---|---|---|---|---|

운동은 매일 해야 한다. 운동을 매일 꾸준히 한다면 몸이 더 건강해질 수 있다. 또 여러 가지 운동을 매일 꾸준히 하면 운동 신경이 좋아지고, 체력도 좋아질 수 있다. 하지만 시간이 너무 늦어서 운동하지 못한다면 그날은 패스하고 다음 날은 최대한 운동을 빨리 할 수 있도록 한다.

# 공부할 때 음악을 들으며 해도 된다.
# VS
# 공부할 때 음악을 들으면 안 된다.

| 너의 의견은? | 그렇게 생각하는 첫 번째 까닭은 뭐야? | 두 번째 까닭은 뭐야? | 그렇게 되면 문제는 없을까? | 그 문제는 어떻게 해결할까? |
|---|---|---|---|---|

공부할 때 음악을 들으면 안 된다. 음악을 들으면 산만해진다. 또 춤을 추고 싶다. 하지만 문제가 (특히 수학) 잘 안 풀릴 때 음악을 들으면 분노가 가라앉기도 한다. 그럴 땐 문제를 안 풀고 들으면 된다.

# 공부는 꼭 해야 한다.
# VS
# 공부는 하지 않아도 된다.

| 너의 의견은? | 그렇게 생각하는 첫 번째 까닭은 뭐야? | 두 번째 까닭은 뭐야? | 그렇게 되면 문제는 없을까? | 그 문제는 어떻게 해결할까? |
|---|---|---|---|---|

공부는 하지 않아도 된다. 왜냐하면 커서 공부하면 되기 때문이다. 억지로 공부할 필요는 없다. 공부를 안 하면 영리해지지 않지만 필요할 때 많이 하면 된다.

# 일기는 꼭 써야 한다.
# VS
# 일기를 꼭 쓸 필요는 없다.

| 너의 의견은? | 그렇게 생각하는 첫 번째 까닭은 뭐야? | 두 번째 까닭은 뭐야? | 그렇게 되면 문제는 없을까? | 그 문제는 어떻게 해결할까? |
|---|---|---|---|---|

일기를 꼭 쓸 필요는 없다. 모두 비슷한 나날이라면 꼭 안 써도 된다. 또 일기를 꼭 쓰라고 한다면 일기와 멀어질 것이다. 물론 일기를 안 쓰면 중요한 일을 잊어버릴 수 있다. 하지만 중요할 때만 쓰면 잊어버릴리도 없다.

# 독후감은 꼭 써야 한다.
# VS
# 독후감을 꼭 쓸 필요는 없다.

| 너의 의견은? | 그렇게 생각하는 첫 번째 까닭은 뭐야? | 두 번째 까닭은 뭐야? | 그렇게 되면 문제는 없을까? | 그 문제는 어떻게 해결할까? |
|---|---|---|---|---|

독후감은 꼭 쓰지 않아도 된다. 왜냐하면 굳이 길게 독후감을 쓰지 않고 한 줄 독서록을 써도 되고 독서 진단 테스트 같은 것을 해도 되기 때문이다. 읽은 책을 기억하지 못할 수도 있지만 그럴 땐 아주 가끔 쓰는 것도 나쁘지 않다고 생각한다.

# 초등학생은 학원에 꼭 가야 한다.
# VS
# 초등학생은 학원을 다니지 않아도 된다.

너의 의견은? 그렇게 생각하는 첫 번째 까닭은 뭐야? 두 번째 까닭은 뭐야? 그렇게 되면 문제는 없을까? 그 문제는 어떻게 해결할까?

초등학생은 학원을 다니지 않아도 된다. 학원을 다니지 않고 집에서 부모님과 공부를 할 수 있다. 학원을 다니지 않아도 충분히 잘 살 수 있다. 학원을 통해 더 많은 것을 알 수도 있지만 부모님과 함께 하며 알아 갈 수도 있다.

# 읽고 싶은 책만 읽어도 된다.
# VS
# 읽고 싶지 않은 책도 읽어야 한다.

| 너의 의견은? | 그렇게 생각하는 첫 번째 까닭은 뭐야? | 두 번째 까닭은 뭐야? | 그렇게 되면 문제는 없을까? | 그 문제는 어떻게 해결할까? |
|---|---|---|---|---|

읽고 싶지 않은 책도 읽어야 한다. 읽고 싶지 않아도 읽으면 엄청 재밌을 수 있기 때문이다. 또 지식을 쌓을 수도 있다. 물론 재미가 없을 순 있지만 읽고 나면 아는 게 많아지니 그걸로 충분하다.

# 만화책만 읽어도 된다.
# VS
# 만화책이 아닌 책도 읽어야 한다.

| 너의 의견은? | 그렇게 생각하는 첫 번째 까닭은 뭐야? | 두 번째 까닭은 뭐야? | 그렇게 되면 문제는 없을까? | 그 문제는 어떻게 해결할까? |
|---|---|---|---|---|

만화책이 아닌 책도 읽어야 한다. 만화책이 아닌 책도 재밌기 때문이다. 만화책이 아닌 책을 읽으면, 읽으며 상상할 수 있다. 책을 읽는 데 좀 더 오래 걸릴 순 있지만 재밌으니까 참을 수 있다.

# 어린이날은 있어야 한다.
# VS
# 어린이날은 없어도 된다.

| 너의 의견은? | 그렇게 생각하는 첫 번째 까닭은 뭐야? | 두 번째 까닭은 뭐야? | 그렇게 되면 문제는 없을까? | 그 문제는 어떻게 해결할까? |
| --- | --- | --- | --- | --- |

어린이날은 있어야 한다. 없어야 한다는 말은 방정환 선생님을 무시하는 것이다. 또 어린이를 중심으로 생각하는 유일한 날이라서 있어야 한다. 물론 선물비가 많이 나올 수 있지만 그 전에 뭘 안 사면 된다.

# 어린이날 선물을 꼭 받아야 한다. VS 어린이날 선물을 받지 않아도 된다.

너의 의견은? / 그렇게 생각하는 첫 번째 까닭은 뭐야? / 두 번째 까닭은 뭐야? / 그렇게 되면 문제는 없을까? / 그 문제는 어떻게 해결할까?

어린이날 선물은 꼭 받아야 한다. 선물을 받으면 우선 기분이 좋다. 그리고 만약 돈을 받으면 그걸로 사고 싶은 것을 살 수 있다. 그렇게 하면 1년마다 부모님의 돈이 사라질 수 있지만 그만큼 효도를 하면 된다.

# 어버이날은 꼭 있어야 한다.
# VS
# 어버이날은 꼭 없어도 된다.

| 너의 의견은? | 그렇게 생각하는 첫 번째 까닭은 뭐야? | 두 번째 까닭은 뭐야? | 그렇게 되면 문제는 없을까? | 그 문제는 어떻게 해결할까? |
|---|---|---|---|---|

어버이날은 꼭 있어야 한다. 어버이날은 어버이를 위한 날이니까 효도를 해야 되기 때문이다. 평소에 항상 하기는 힘들기 때문에 정해진 날에 마음먹고 하면 좋다. 쉬는 날이 아니라서 아쉽기는 하지만 그건 국가에서 쉬는 날로 해 주면 될 문제다.

# 스승의 날은 꼭 있어야 한다.
# VS
# 스승의 날은 없어도 된다.

| 너의 의견은? | 그렇게 생각하는 첫 번째 까닭은 뭐야? | 두 번째 까닭은 뭐야? | 그렇게 되면 문제는 없을까? | 그 문제는 어떻게 해결할까? |
|---|---|---|---|---|

스승의 날은 꼭 있어야 한다. 스승의 날이 있어야 아이들이 선생님의 마음을 생각하고 선생님을 존경하는 이유를 생각하게 된다. 그러면 선생님과 행복하게 공부할 수 있다. 스승의 날은 쉬는 날이 아니지만 만나서 더 좋은 시간을 보낼 수 있어서 좋다.

# 친구의 별명은 부르지 않아야 한다.
# VS
# 친구의 별명을 불러도 된다.

| 너의 의견은? | 그렇게 생각하는 첫 번째 까닭은 뭐야? | 두 번째 까닭은 뭐야? | 그렇게 되면 문제는 없을까? | 그 문제는 어떻게 해결할까? |
|---|---|---|---|---|

친구의 별명을 부르지 않아야 한다. 왜냐하면 별명으로 부르면 친구가 속상하다. 마음에 안 드는 별명을 들으면 당황한다. 별명을 부르는 재미는 없어지겠지만 나쁜 별명을 안 듣는 친구는 행복해진다.

# 학교에서 스마트폰을 사용해도 된다.
# VS
# 학교에서는 스마트폰을 사용하면 안 된다.

| 너의 의견은? | 그렇게 생각하는 첫 번째 까닭은 뭐야? | 두 번째 까닭은 뭐야? | 그렇게 되면 문제는 없을까? | 그 문제는 어떻게 해결할까? |
|---|---|---|---|---|

학교에서 스마트폰을 사용해도 된다. 중요한 전화가 올 수 있기 때문이다. 또 미술 수업 후 작품을 찍어서 저장해야 한다. 공부를 안 하게 될 수 있기 때문에 쉬는 시간에만 하면 된다.

# 책은 꼭 읽어야 한다.
# VS
# 책은 안 읽어도 된다.

| 너의 의견은? | 그렇게 생각하는 첫 번째 까닭은 뭐야? | 두 번째 까닭은 뭐야? | 그렇게 되면 문제는 없을까? | 그 문제는 어떻게 해결할까? |
| --- | --- | --- | --- | --- |

책은 안 읽어도 된다. 유튜브를 봐서 지식을 얻거나 사람들에게 물어보면 된다. 게다가 책은 재미가 없다. 지식이 부족해지겠지만 괜찮다. 지식이 부족해지면 학교나 학원에서 배우면 된다.

# 세뱃돈은 부모님이 관리해야 한다. VS 세뱃돈은 어린이가 스스로 관리해야 한다.

| 너의 의견은? | 그렇게 생각하는 첫 번째 까닭은 뭐야? | 두 번째 까닭은 뭐야? | 그렇게 되면 문제는 없을까? | 그 문제는 어떻게 해결할까? |
|---|---|---|---|---|

세뱃돈은 어린이가 스스로 관리해야 한다. 세뱃돈을 스스로 관리하면 돈을 모으는 게 재미있다. 그리고 부모님이 관리해 주시는 것보다 더 마음이 편할 수 있다. 하지만 돈을 막 쓸 수 있으니 얼마나 저금할지 받기 전 계획하는 것도 좋은 방법이다.

# 초등학생은 유튜브를 운영하면 안 된다.
# VS
# 초등학생도 유튜브를 운영할 수 있다.

| 너의 의견은? | 그렇게 생각하는 첫 번째 까닭은 뭐야? | 두 번째 까닭은 뭐야? | 그렇게 되면 문제는 없을까? | 그 문제는 어떻게 해결할까? |
|---|---|---|---|---|

초등학생도 유튜브를 운영할 수 있다. 초등학생이 운영해서 돈을 벌어 원하는 물건을 살 수 있기 때문이다. 게다가 운영을 하다 보면 재능을 발휘할 수 있다. 악플이 달릴 수도 있지만 댓글을 못 달게 하면 된다.

# 글씨는 알아볼 정도로 쓰면 된다.
# VS
# 글씨는 최대한 예쁘게 써야 한다.

| 너의 의견은? | 그렇게 생각하는 첫 번째 까닭은 뭐야? | 두 번째 까닭은 뭐야? | 그렇게 되면 문제는 없을까? | 그 문제는 어떻게 해결할까? |
|---|---|---|---|---|

글씨는 알아볼 정도로 쓰면 된다. 왜냐하면 예쁘게 쓰려고 하면 손목에 무리가 갈 수도 있고, 쓰는 시간이 길어질 수 있기 때문이다. 하지만 꼭 예쁘게 써야 하는 때가 있을 수도 있다. 그럴 땐 너무 무리해서 쓰지 않고 적당히 예쁘게 쓰면 된다.

# 책상 정리는 어린이가 해야 한다.
# VS
# 책상 정리는 엄마가 해야 한다.

| 너의 의견은? | 그렇게 생각하는 첫 번째 까닭은 뭐야? | 두 번째 까닭은 뭐야? | 그렇게 되면 문제는 없을까? | 그 문제는 어떻게 해결할까? |
|---|---|---|---|---|

책상 정리는 어린이가 해야 한다. 자기 책상은 자기 것이다. 자기 책상에 있는 물건을 제자리에 정리해야 하니까 자기가 해야 한다. 어린이가 책상을 정리하면 깨끗이 못하고 물건을 구석구석에 밀어 넣을 수도 있다. 어린이가 최대한 정리해 보고 안 되면 부모님께 요청하면 된다.

# 매일 입을 옷은 스스로 골라야 한다.
# VS
# 매일 입을 옷을 엄마가 골라 주어도 좋다.

| 너의 의견은? | 그렇게 생각하는 첫 번째 까닭은 뭐야? | 두 번째 까닭은 뭐야? | 그렇게 되면 문제는 없을까? | 그 문제는 어떻게 해결할까? |
|---|---|---|---|---|

매일 입을 옷은 스스로 골라야 한다. 왜냐하면 엄마가 골라 주면 내가 입고 싶지 않은 옷일 수 있기 때문이다. 또 엄마도 번거로울 수 있다. 하지만 너무 어린 아이는 계절에 맞지 않게 입을 수도 있기 때문에 그럴 땐 도와준다.

# 실내에서 모자를 쓰는 것은 패션이다.
# VS
# 실내에서 모자를 쓰는 것은 실례다.

| 너의 의견은? | 그렇게 생각하는 첫 번째 까닭은 뭐야? | 두 번째 까닭은 뭐야? | 그렇게 되면 문제는 없을까? | 그 문제는 어떻게 해결할까? |
|---|---|---|---|---|

실내에서 모자를 쓰는 것은 실례다. 다른 사람과 이야기를 할 때 모자로 눈을 가리면 말하는 사람이 곤란해지고 기분이 나빠질 것이기 때문이다. 또 모자를 깊게 눌러 쓰면 사람이 무섭게 보이기도 한다. 직업상 써야 하거나 아프신 분은 써야 할 수도 있으니 그건 이해해야 한다.

# 가족과 함께 독서하는 시간을 갖는 것이 좋다.
# VS
# 독서는 각자 하는 것이 좋다.

| 너의 의견은? | 그렇게 생각하는 첫 번째 까닭은 뭐야? | 두 번째 까닭은 뭐야? | 그렇게 되면 문제는 없을까? | 그 문제는 어떻게 해결할까? |
|---|---|---|---|---|

독서는 각자 하는 것이 좋다. 독서라는 게 어차피 틈날 때 읽는 것이기 때문이다. 가족은 모두 책 읽는 시간이 다르다. 물론 책에 대해 이야기할 수 없지만 그건 독서 시간 대신 책 이야기를 할 시간을 정해서 하면 된다.

# 초등학생이 엄마 카드를 사용하는 것은 괜찮다.
# VS
# 초등학생이 엄마 카드를 사용하는 것은 좋지 않다.

| 너의 의견은? | 그렇게 생각하는 첫 번째 까닭은 뭐야? | 두 번째 까닭은 뭐야? | 그렇게 되면 문제는 없을까? | 그 문제는 어떻게 해결할까? |
|---|---|---|---|---|

초등학생이 엄마 카드를 사용하는 것은 좋지 않다. 잃어버릴 수도 있고, 점점 돈의 소중함을 모르게 될 수도 있기 때문이다. 때로는 현금을 가지고 다니는 게 힘들 수도 있지만, 목걸이 지갑을 사용해서 바로 꺼낼 수 있게 하면 된다.

# 책은 숙제를 다 하고 나서 읽어야 한다.
# VS
# 책은 숙제하기 전 읽어도 된다.

| 너의 의견은? | 그렇게 생각하는 첫 번째 까닭은 뭐야? | 두 번째 까닭은 뭐야? | 그렇게 되면 문제는 없을까? | 그 문제는 어떻게 해결할까? |
|---|---|---|---|---|

책은 숙제하기 전 읽어도 된다. 재미있는 책은 가리지 않고 읽어야 하기 때문이다. 재미있는 책을 보면 바로 읽어야 한다. 하지만 책에 너무 푹 빠져 버리면 숙제 시간이 넘어 버린다. 이 시간부터 읽고 이 시간부터 숙제해야 한다는 말로 사용 시간을 정한다.

# 책은 스스로 골라야 한다.
# VS
# 책은 부모님이 골라 주어야 한다.

| 너의 의견은? | 그렇게 생각하는 첫 번째 까닭은 뭐야? | 두 번째 까닭은 뭐야? | 그렇게 되면 문제는 없을까? | 그 문제는 어떻게 해결할까? |
|---|---|---|---|---|

책은 스스로 골라야 한다. 책을 스스로 골라야 자기가 원하는 책을 읽을 수 있고, 자신의 취향이 무엇인지 알 수 있다. 하지만 어떤 책이 좋은 책인지 모를 수 있다. 그럴 때는 부모님께 도와달라고 하면 된다.

# 어린이는 부모님에게 존댓말을 해야 한다.
# VS
# 부모님에게 꼭 존댓말을 할 필요는 없다.

| 너의 의견은? | 그렇게 생각하는 첫 번째 까닭은 뭐야? | 두 번째 까닭은 뭐야? | 그렇게 되면 문제는 없을까? | 그 문제는 어떻게 해결할까? |
|---|---|---|---|---|

어린이는 부모님에게 꼭 존댓말을 할 필요는 없다. 존댓말을 하면 말이 길어져서 힘들다. 그리고 존댓말을 해 보니까 너무 안 친한 느낌이 들어서 존댓말은 하지 않는게 좋다. 물론 너무 편하게 하다가 부모님이 기분이 상할 수 있으니 적당한 예의는 필수다.

# 가끔은 친구네 집에서 자도 된다.
# VS
# 친구네 집에서 자는 것은 좋지 않다.

| 너의 의견은? | 그렇게 생각하는 첫 번째 까닭은 뭐야? | 두 번째 까닭은 뭐야? | 그렇게 되면 문제는 없을까? | 그 문제는 어떻게 해결할까? |
|---|---|---|---|---|

가끔은 친구네 집에서 자도 된다. 왜냐하면 친구네 집에서 자면서 합숙 훈련 예습 같은 것을 할 수 있다. 그리고 친구와 우정을 쌓을 수 있다. 하지만 친구네 엄마께서 일을 더 많이 해야 한다. 그럼 일을 조금 더 편하게 하실 수 있게 도와드린다.

# 책은 책상에 앉아서 읽어야 한다.
# VS
# 책은 편한 자세로 읽어도 좋다.

| 너의 의견은? | 그렇게 생각하는 첫 번째 까닭은 뭐야? | 두 번째 까닭은 뭐야? | 그렇게 되면 문제는 없을까? | 그 문제는 어떻게 해결할까? |
|---|---|---|---|---|

책은 편한 자세로 읽어도 좋다. 그래야 더 재밌게 느껴지기 때문이다. 그리고 오래 앉아 있기도 힘들다. 물론 편하게 보면 몸이 삐뚤어질 수도 있지만 그정도까지 가기 전에 알아서 앉게 된다.

# 책은 매일 읽어야 한다.
# VS
# 책은 주말에만 읽어도 된다.

| 너의 의견은? | 그렇게 생각하는 첫 번째 까닭은 뭐야? | 두 번째 까닭은 뭐야? | 그렇게 되면 문제는 없을까? | 그 문제는 어떻게 해결할까? |
|---|---|---|---|---|

책은 주말에만 읽어도 된다. 꼭 매일 읽으란 법은 없다. 매일 읽으면 공부할 때 책 읽을 생각밖에 안 한다. 엄마께서 한 번쯤 말씀하시겠지만 나는 책보다 공부다. 주말에만 읽으면 너무 적게 읽을 수 있지만 그건 읽는 사람 자유다.

# 학원 선택은 부모님이 해야 한다.
# VS
# 학원 선택은 어린이가 해야 한다.

| 너의 의견은? | 그렇게 생각하는 첫 번째 까닭은 뭐야? | 두 번째 까닭은 뭐야? | 그렇게 되면 문제는 없을까? | 그 문제는 어떻게 해결할까? |
|---|---|---|---|---|

학원 선택은 어린이가 해야 한다. 엄마가 다니는 게 아니라 내가 다니는 거라서 내가 좋아하는 학원을 다녀야 한다. 그래야 학원 가는 게 즐겁다. 엄마가 다니라는 학원이 있으면 한번 생각해 본다.

# 일요일에는 늦잠을 자도 된다. VS 일요일에도 평일과 같은 시간에 일어나야 한다.

| 너의 의견은? | 그렇게 생각하는 첫 번째 까닭은 뭐야? | 두 번째 까닭은 뭐야? | 그렇게 되면 문제는 없을까? | 그 문제는 어떻게 해결할까? |
|---|---|---|---|---|

일요일에도 평일과 같은 시간에 일어나야 한다. 일요일에 늦잠을 자면 평일에도 늦게 일어나게 되어서 학교에 지각을 하게 된다. 그리고 늦잠을 자면 더 피곤하다. 물론 일요일도 일찍 일어나는 것이 자유를 방해하게 되는 것일 수 있으니 그럼 토요일에 늦잠을 자면 된다.

# 안 보는 책은 버려야 한다.
# VS
# 안 보는 책도 보관해야 한다.

| 너의 의견은? | 그렇게 생각하는 첫 번째 까닭은 뭐야? | 두 번째 까닭은 뭐야? | 그렇게 되면 문제는 없을까? | 그 문제는 어떻게 해결할까? |
|---|---|---|---|---|

안 보는 책은 버려야 한다. 안 보는 책은 점점 먼지가 쌓여서 언젠가는 버려질 것이다. 그러니 미리 버리는 것이 좋다. 중고 마켓에 팔면 다른 사람이 재미있게 읽을 수도 있다. 하지만 아무데나 버리면 거리가 더러워질 수 있으니까 재활용품 분리 수거 포스터를 붙이면 된다.

# 취미가 다르면 친구가 될 수 없다.
# VS
# 취미가 달라도 친구가 될 수 있다.

| 너의 의견은? | 그렇게 생각하는 첫 번째 까닭은 뭐야? | 두 번째 까닭은 뭐야? | 그렇게 되면 문제는 없을까? | 그 문제는 어떻게 해결할까? |
|---|---|---|---|---|

취미가 달라도 친구가 될 수 있다. 그 이유는 취미가 다르면 만나서 다른 걸 해도 되기 때문이다. 또 궁합이 잘 맞으면 친구가 될 수 있다. 물론 취미가 맞지 않으면 같이 하고 싶은 것을 못할 수도 있지만 취미 생활은 각자 하면 된다.

# 동물과 사람은 친구가 될 수 없다.
# VS
# 동물과 사람도 친구가 될 수 있다.

| 너의 의견은? | 그렇게 생각하는 첫 번째 까닭은 뭐야? | 두 번째 까닭은 뭐야? | 그렇게 되면 문제는 없을까? | 그 문제는 어떻게 해결할까? |
|---|---|---|---|---|

동물과 사람도 친구가 될 수 있다. 집에서 키우면 같이 놀 수 있고 만질 수도 있으니 친구다. 만약 집에서 키우지 않아도 자신이 관심 있거나 좋아하는 동물에게 말하듯 하기 때문에 친구이다. 너무 막 대하면 귀찮아하고 짜증 낼 수 있으니 귀찮게 하지만 않으면 된다.

# 저학년 교실은 낮은 층에 있어야 한다.
# VS
# 저학년 교실도 높은 층에 있을 수 있다.

| 너의 의견은? | 그렇게 생각하는 첫 번째 까닭은 뭐야? | 두 번째 까닭은 뭐야? | 그렇게 되면 문제는 없을까? | 그 문제는 어떻게 해결할까? |
|---|---|---|---|---|

저학년 교실은 낮은 층에 있어야 한다. 저학년은 고학년보다 체력이 부족하기 때문이다. 계단을 뛰어다니다가 다칠 수도 있다. 물론 고학년의 항의가 있을 수 있지만 그럴 땐 엘리베이터를 타게 하면 된다.

# 초등학생은 이성 교제를 해도 된다.
# VS
# 초등학생은 이성 교제를 하면 안 된다.

| 너의 의견은? | 그렇게 생각하는 첫 번째 까닭은 뭐야? | 두 번째 까닭은 뭐야? | 그렇게 되면 문제는 없을까? | 그 문제는 어떻게 해결할까? |
|---|---|---|---|---|

초등학생은 이성 교제를 해도 된다. 어울리는 법을 배울 수 있고 애정을 느껴 볼 수 있기 때문이다. 물론 싸울 수도 있고 평소 행동과 다른 행동을 하게 될 수도 있다. 하는 일에 방해가 될 수도 있지만 적당히 놀면 된다.

# 숙제할 때는 방문을 닫아 놓아야 한다.
# VS
# 숙제할 때는 방문을 열어 놓아야 한다.

너의 의견은? / 그렇게 생각하는 첫 번째 까닭은 뭐야? / 두 번째 까닭은 뭐야? / 그렇게 되면 문제는 없을까? / 그 문제는 어떻게 해결할까?

숙제할 때는 방문을 닫아 놓아야 한다. 숙제할 때 부모님이 계속 쳐다보는 것 같아 부담스러워 집중이 안 될 수 있다. 숙제할 때 거실이나 다른 곳이 시끄러워서 숙제를 못 할 수 있다. 방문을 열어 놓으라는 부모님과 갈등이 생길 수 있다. 부모님과 합의를 보고 어떤 시간은 열어 두고 어떤 시간은 닫아 두기로 한다.

# 초등학생은 유튜브 시청을 하면 안 된다.
# VS
# 초등학생도 유튜브 시청을 해도 된다.

너의 의견은? 그렇게 생각하는 첫 번째 까닭은 뭐야? 두 번째 까닭은 뭐야? 그렇게 되면 문제는 없을까? 그 문제는 어떻게 해결할까?

초등학생도 유튜브 시청을 해도 된다. 유튜브를 보면 트렌드나 유행을 잘 파악할 수 있다. 친구들이 유행에 대해 이야기할 때 같이 이야기해야 친밀감이 쌓인다. 영어, 수학, 역사 등 교육 동영상도 도움이 된다. 물론 진입 장벽이 낮아 누구나 영상을 올릴 수 있으니 자기 가치관에 따라 절제해서 보면 된다.

# 초등학생은 용돈을 받아야 한다.
# VS
# 초등학생은 용돈을 받지 않아도 된다.

| 너의 의견은? | 그렇게 생각하는 첫 번째 까닭은 뭐야? | 두 번째 까닭은 뭐야? | 그렇게 되면 문제는 없을까? | 그 문제는 어떻게 해결할까? |
|---|---|---|---|---|

초등학생은 용돈을 받아야 한다. 이유는 용돈을 받으면 내가 사고 싶은 것을 마음대로 살 수 있다. 두 번째 이유는 용돈을 받으면 돈 관리나 저축 등을 하게 되어서 커서도 돈 관리를 잘할 수 있기 때문이다. 하지만 자신의 용돈을 계획 없이 펑펑 써서 정작 사고 싶은 것을 못 살 수 있다. 그러면 통장에 저축하거나 꾹꾹 참아서 사고 싶은 것을 사면 된다.

# 3층 이상의 학교에는 엘리베이터가 있어야 한다.
# VS
# 3층 이상 학교여도 엘리베이터가 없어도 된다.

너의 의견은? 그렇게 생각하는 첫 번째 까닭은 뭐야? 두 번째 까닭은 뭐야? 그렇게 되면 문제는 없을까? 그 문제는 어떻게 해결할까?

3층 이상의 학교에는 엘리베이터가 있어야 한다. 아이들도 계단이 너무 많으면 힘들다. 또 가방이 너무 무겁거나 다리를 다쳤을 때는 엘리베이터를 타야 하기 때문이다. 물론 책을 옮기거나 무거운 것을 옮길 때 사람들이 엘리베이터를 많이 사용하면 이용을 못 한다. 엘리베이터에 전단지를 붙여 엘리베이터를 꼭 필요할 때만 사용하자고 써 놓으면 된다.

달콤한 맛 50개 잘 써 보았니?

정말 대단해. 지금까지 쓴 글 마음에 드니?

네가 쓴 글을 다시 한 번 쭈욱 읽어 봐.

그리고 가장 마음에 드는 글 3개를 골라 상을 주기로 하자!

네모 칸 안에 글의 번호와 네가 썼던 주장 문장을 쓰면 돼.

고르기 어렵다면 가족들에게 도움을 요청해 봐.

# 내 맘대로 미니 논술

이번에는 스스로 주제를 정해서 써 볼까?

빈칸에 주제를 쓰고, 의견, 까닭, 문제와 해결 방법을 써 봐.

1

VS

| 너의 의견은? | 그렇게 생각하는 까닭은 뭐야? | 그렇게 되면 문제는 없을까? | 그 문제는 어떻게 해결할까? |
| --- | --- | --- | --- |

√

2

VS

| 너의 의견은? | 그렇게 생각하는 첫 번째 까닭은 뭐야? | 두 번째 까닭은 뭐야? | 그렇게 되면 문제는 없을까? | 그 문제는 어떻게 해결할까? |
| --- | --- | --- | --- | --- |

√

3

VS

| 너의 의견은? | 그렇게 생각하는 첫 번째 까닭은 뭐야? | 두 번째 까닭은 뭐야? | 그렇게 되면 문제는 없을까? | 그 문제는 어떻게 해결할까? |
|---|---|---|---|---|

√

# 부모님, 이렇게 소통해 주세요

우리 아이가 쓴 글을 보고 어떤 생각을 하셨나요?

혹시 어떤 말을 해야 할지 어려우시다면

아래 문장을 참고해 주세요. 한결 대화가 편안해질 거예요.

네 생각은 이렇구나.

논리적인 생각이야.

까닭이 적절한걸.

생각지도 못한 내용이야.

설득 당했어!

너의 주장대로 한번 해 보자.

도움말을 주고 싶다면 아래 문장을 참고해 주세요.

글쓰기 경험이 부족하거나 자신감이 없는 아이에게는 하지 않는 것이 좋아요!

문장으로 쓰면 더 이해가 쉬울 것 같아.

근거가 너무 비현실적인데 다시 생각해 볼까?

좀 더 적절한 까닭을 들어 주면 좋을 것 같아.

마지막에 같은 문장이 또 있는데 이건 빼 볼까?

마지막에 주장이 바뀐 것 같은데 다시 생각해 볼까?

이런 문제가 있을 수 있구나. 또 다른 문제는 없을까?